ANALIZA KSIĄŻKI

AF131997

Ulysses

• • • • • • • • • • • • • • • • • •

JAMES JOYCE

ANALIZA KSIĄŻKI

Napisany przez Éléonore Quinaux
Przetłumaczony przez Kâmil Kowalski

Ulysses

· ·

JAMES JOYCE

JAMES JOYCE

IRLANDZKI POETA I POWIEŚCIOPISARZ

- **Urodzony w Dublinie (Irlandia) w 1882 r.**
- **Zmarł w Zurychu (Szwajcaria) w 1941 r.**
- **Godne uwagi prace:**
  - *Muzyka kameralna* (1907), zbiór wierszy
  - *Portret artysty jako młodego człowieka* (1916), powieść
  - *Finnegans Wake* (1939), powieść

James Joyce pochodził z wielodzietnej rodziny i otrzymał jezuickie wykształcenie, zanim w wieku 16 lat odwrócił się od katolicyzmu. Później rozwinął idee podobne do idei Tomasza z Akwinu (włoski ksiądz, 1225-1274). Spędził większość swojego życia na wygnaniu i nienawidził bezruchu i religijnego podziału Irlandii, i nigdy nie mógł się z nimi identyfikować.

Początkowo wędrował między Paryżem a Dublinem, dopiero w Szwajcarii – gdzie uczył w szkole Berlitza – i we Włoszech Joyce znalazł schronienie u Nory Barnacle (1884-1951), swojej partnerki. Od 1906 roku dotknęła go choroba oczu, która spowodowała stopniową ślepotę.

Choć podziwiany przez wiele wielkich postaci światowej literatury, Joyce utrzymywał się wyłącznie z datków swoich rzadkich wielbicieli. W latach dwudziestych odwiedził Marcela Prousta (francuskiego pisarza, 1871-1922) w Paryżu i zaprzyjaźnił się z Samuelem Beckettem (irlandzkim pisarzem, 1906-1989). Wiedząc, że jego życie dobiega końca, wrócił do Zurychu w 1940 roku i zmarł jakiś czas później. Jako prawdziwy maniak literacki był źle rozumiany i niechętnie sięgano po jego twórczość.

ULYSSES

SKROMNA EPOPEJA

- **Gatunek:** powieść wielogatunkowa
- **Wydanie referencyjne:** Joyce, J. (2000) *Ulysses*. London: Penguin.
- **Pierwsze wydanie:** 1922
- **Tematy:** Dublin, społeczeństwo, związki romantyczne, seksualność, wędrówka, tożsamość, mity.

Ulisses ukazał się w częściach w Little Revue od 1918 do 1920 i został opublikowany jako książka w 1922 roku. Tytuł od razu wskazuje, że powieść jest powiązana z Odyseją, słynnym poematem greckim poety Homera (VIII w. p.n.e.). Historia rozgrywa się w ciągu jednego dnia w Dublinie i obraca się wokół dwóch postaci. a Leopold Bloom, nowy agent Ulissesa ds. public relations, ma za zadanie odzyskać miłość swojej niewiernej żony Molly.

Opowieść, uznana przez współczesnych Joyce'owi za obsceniczną, była zakazana w Stanach Zjednoczonych do 1931 roku, choć Hemingway (pisarz amerykański, 1899-1961) puścił w obieg kilka tomów. Jej bogata narracja sprawia, że obecnie uznajemy ją za ważne 20th dzieło.

PODSUMOWANIE

W Ulysses akcja rozgrywa się od 8:00 do około 3:00 następnego dnia. To streszczenie zachowuje aktualność określoną przez narrację, ale mimo to porównuje główne wątki Leopolda Blooma i Stephena Dedalusa, opowiedziane w różnych częściach powieści. Nieoczekiwany rozwój trzyczęściowej historii "Telemachiady", "Odysei" i "Nostosa" bezpośrednio przypomina postacie z Odysei Homera, Telemacha i Odyseusza. Aby zrozumieć obecną tu symbolikę, dla każdego bohatera, który jest alter ego kluczowej postaci w greckim dziele, czytelnik odnajduje jego imię w nawiasie.

 ## DOBRZE WIEDZIEĆ

Odyseja, napisana po *Iliadzie*, to starożytny epos przypisywany greckiemu poecie Homerowi i datowany na 8th wiek p.n.e. Jej głównym bohaterem jest Odyseusz (po łacinie Ulisses), król Itaki. Po walce w wojnie trojańskiej chce on wrócić do domu, by dołączyć do swojej żony Penelopy i syna Telemacha.

Jednak jego podróż na te ziemie trwa dziesięć lat, podczas których wędruje z wyspy na wyspę i spotyka znane do dziś mityczne postacie.Podczas podróży Telemach odnajduje swojego ojca.W tym celu zwerbował Nestora, jednego z nielicznych towarzyszy Odyseusza, którzy wrócili do domu bez incydentów i posłuchaj rady Menelaosa, króla Sparty.

Odys zabiera tyle lat, aby wrócić do domu, ponieważ podlega zemście boga Posejdona po zranieniu jego syna Polifema. W szczególności przez siedem lat jest więziony z miłości przez nimfę morską Kalipso. Kiedy otrzymuje od bogów rozkaz uwolnienia Odyseusza, jest mu posłuszna. Posejdon wywołuje burzę, która sprawia, że bohater trafia na wybrzeże Scherii. Tam spotyka Nausicaa, córkę króla Alcinousa. Odyseusz opowiada jej o swojej serii nieszczęść: o pomocy, którą na próżno otrzymał od Eola, o spotkaniu z czarodziejką Circe, która zamieniła jego towarzyszy w świnie, o złej pieśni Syren i o Kalipso.

Fokejczycy są poruszeni i zgadzają się pomóc Odyseuszowi, zabierając go z powrotem do Itaki. Kiedy słyszy o intrygach zalotników Penelopy, Odyseusz musi znaleźć strategię: z pomocą Ateny przebiera się za żebraka i szuka pomocy u swojego wiernego pasterza świń, Eumaeusa. Podczas ostatecznej próby, która zadecyduje o tym, kto zostanie nowym mężem Penelopy, Odyseuszowi udaje się naciągnąć swój legendarny łuk i zabić Antinousa, przywódcę zalotników. Tym samym ujawnia swoją prawdziwą tożsamość.

PĄCZKUJĄCE POSZUKIWANIA

W zatoce Dublina, w wieży Martello w Sandycove mieszkają Stephen Dedalus (Telemach) i Buck Mulligan (Antinous). Ich poranne dyskusje obracają się wokół dwóch spraw:

- Buck, choć wolnomyśliciel, robi Stephenowi wyrzuty, że nie poszedł do łóżka umierającej matki, by się pomodlić;

- Stephen skarży się na Hainesa (Eurymachus), Anglika, który mieszka w sąsiednim pokoju i krzyczy całą noc.

Po śniadaniu, naznaczonym przez zatrzymującego się mlecza-rza, każdy z nich podaje swoje zajęcia: Buck chce iść popływać w morzu, Stephen musi iść do szkoły, w której uczy, natomiast Haines optuje za pójściem do biblioteki narodowej.

W tym momencie Leopold Bloom (Odyseusz/Ulisses) postana-wia zrobić śniadanie dla siebie i swojej żony Molly (Penelope), ale nagle chce cynaderki i idzie po nie do rzeźnika. Kiedy wró-cił, znalazł w swojej skrzynce pocztowej dwa listy. W rzeczywi-stości jego żona jest zawsze nieobecna i niewierna. Bloom jest często samotna i nieustannie nękana niezaspokojonym libido. Po przedyskutowaniu z żoną znaczenia "metempsychozy" (reinkarnacji duszy po śmierci), przechadzał się po Dublinie, aby wziąć udział w pogrzebie sąsiada.

DUBLIN LABIRYNT

Kiedy Stephen kończy lekcję historii, dyrektor szkoły, pan Deasy (Nestor), stary antysemita, wzywa go do swojego biura, aby mu zapłacić. Wiedząc, że młody nauczyciel jest również pisarzem i dlatego ma kontakt z redaktorami, Deasy wykorzy-stuje to, żądając, by opublikował swój artykuł o pryszczycy.

W tym samym czasie (10 rano) Bloom idzie na pocztę i otrzy-muje list od Marty, w której jest zakochany. Podekscytowany wiadomością wyruszył z pełnym życzeniem. Przychodzi pod koniec Mszy, śpi jak zwykle i idzie do apteki. Bloom spotyka Bantama Lyonsa, który chce pożyczyć gazetę i poczytać o wyścigach konnych. Dwaj mężczyźni źle się rozumieją: Bloom mówi o wyrzuceniu gazety, ale Lyons myśli, że ma typ na zakłady (jeden z koni nazywa się Throwaway). Przed wyjazdem na pogrzeb Leopold udaje się do niektórych publicznych toalet i masturbuje się, by rozładować wszelkie napięcia seksualne, które towarzyszą mu podczas podróży.

O 11 rano, na plaży Sandymount, Stephen jest przygnębiony i myśli o swoich kolejnych porażkach: porzuceniu studiów medycznych w Paryżu, porażce jako pisarz i zmuszeniu do zostania nauczycielem. Czuje się zdołowany swoim szczęściem, gdyż uważa, że intelektualna wolność idzie w parze z samotnością. Dla Blooma nadszedł czas, aby udać się na cmentarz w Glasnevin. Grupa, która się tam zbiera, przypomina mu jego własne smutki: śmierć syna, Rudego, i samobójstwo ojca. Wśród obecnych jest nieznajomy noszący wodoodporną makatkę, co go głęboko intryguje.

W południe krzyżują się drogi dwóch głównych bohaterów: idą do drukarni lokalnej gazety, *Freeman's Journal*. Bloom chce odnowić reklamę dla jednego ze swoich klientów. Odbiera ją dyrektor, Myles Crawford (Aeolus). Stephen przyszedł opublikować artykuł pana Deasy'ego. Mimo że krótko przebywają razem w tym samym pomieszczeniu, obaj mężczyźni nie prowadzą bezpośredniej rozmowy.

Bloom jest po tym głodny i po wpadnięciu na kilku znajomych postanawia udać się do Burtona, aby coś zjeść. Jednak gdy już tam jest, przeludnienie, smród i usta pełne jedzenia odpychają go. Zmienia zdanie i udaje się do Davy Burne'a. Jednak kształt baru przypomina mu kobiece ciało i nagle zaczyna się zastanawiać, czy posągi mają anusy. Aby znaleźć odpowiedź, idzie do biblioteki narodowej, gdzie Stephen prowadzi konferencję na temat Williama Szekspira (pisarz angielski, 1564-1616) i postaci ojca w *Hamlecie* (1601).

Wszyscy opuszczają bibliotekę. Po spotkaniu z wieloma postaciami opisanymi w 19 szkicach (które pokazują, że wydarzenia z życia codziennego nie mają realnego wpływu na fabułę), Bloom około godziny 16.00 je lunch w hotelu Ormond z wujkiem Stephena Dedalusa, Richie Gouldingiem (Menelaus). Kelnerki (Syreny) wyśmiewają się z niego i wolą flirtować z Boylanem, który wkrótce potem wychodzi na spotkanie z Molly. Podczas gdy niektórzy, jak Simon Dedalus, ojciec Stephena, siedzą wokół fortepianu i śpiewają, Bloom pisze list do Marthy.

MGŁA, HALUCYNACJE I ODRODZENIE

O godzinie 17 Leopold Bloom ma się spotkać z przyjacielem, Martinem Cunninghamem, w tawernie Barneya Kiernana. Kiedy wchodzi do pubu, kilka osób prowadzi dyskusję, w tym "Obywatel" (Polyphemus). Bloom zostaje wówczas zaproszony do stolika tego człowieka, którego osobowość jest diametralnie różna od jego własnej. Jest on agresywnym nacjonalistą, podczas gdy główny bohater sam uosabia łagodność i tolerancję. Na wieść o radach, jakich udzielił Lyonsowi w sprawie zakładów, wszyscy obecni myślą, że Leopold wygrał dużą sumę pieniędzy na wyścigach konnych. Jednak on nie kupuje swojej rundy, co wzbudza ich nienawiść. Dostrzegając ich gniew, Bloom postanawia opuścić lokal wraz z przybyłym Cunninghamem, za którym wykrzykiwane są antysemickie obelgi.

Na plaży Gertie McDowell (Nausicaa), siostrzenica obywatela, marzy o tym, jak mogłoby wyglądać jej życie. Nagle okazuje się, że obserwuje ją starszy mężczyzna ubrany na czarno – to Leopold. Wybuchają fajerwerki, rozpraszając uwagę wszystkich na plaży, a dziewczyna unosi spódnicę, żeby Bloom mógł podziwiać to, co jest pod spodem. Biorąc pod uwagę kobiece pragnienia i miesiączkę, zdecydowałaś się pojechać do szpitala położniczego do pani Purefoy, która miała rodzić. Cały tłum, w tym Stephen, świętuje, podczas gdy przyszła mama płacze.

O północy, na Mabbot Street, Bloom – śledzący Stephena i jego przyjaciela Lyncha, którzy obaj są pijani – wędruje do dzielnicy czerwonych latarni. Nagle zaczyna mieć halucynacje, które przypominają mu o wszystkich jego wadach, niewłaściwych pragnieniach czy poczuciu winy wobec najbliższych. Przechodząc obok burdelu Belli Cohen (Circe), słyszy Stephena grającego na fortepianie. Melodia wyrywa Blooma z senności i wchodzi on do środka, by dołączyć do dwójki przyjaciół. Ale jego halucynacje zaczynają się ponownie po tym, jak proponuje mu je prostytutka Zoe Higgins: wyobraża sobie siebie jako króla-przewodniczącego, a następnie jako cesarza-prezydenta, który zreformuje cały kraj i zostanie uznany za Mesjasza. Prostytutka budzi go z koszmaru i wyjaśnia ukryte znaczenie linii na jego dłoni, podczas gdy Stephen wykłada apokalipsę. Dziwne wizje obezwładniają obu mężczyzn: Bloom widzi swojego dziadka ubranego w makatkę, a Stephen swoją zmarłą matkę, która błaga go o pokutę. Krzycząc *"Non serviam"* ("Nie będę służył", jedno z powiedzeń szatana), profesor zaczyna niszczyć wszystko w lokalu, po czym ucieka. Bloom płaci za szkody. Stephen zostaje brutalnie zaatakowany przez brytyjskich żołnierzy i upada na środku ulicy, po czym Bloom bierze za niego odpowiedzialność. Ten ostatni ma wtedy ostatnią wizję swojego martwego syna.

Bloom zabiera przyjaciela do schroniska dla taksówkarzy. Jest to miejsce należące do Goatskin Fitz Harris (Yumaeus), który naszym zdaniem jest byłym terrorystą. Po krótkiej dyskusji na temat istnienia Boga pokazał Stephenowi zdjęcie swojej żony i zaprosił go do domu na filiżankę kakao. O drugiej w nocy piją gorącą czekoladę i rozmawiają na różne tematy, w tym o Irlandii, Izraelu i wspólnych znajomych. Leopold oferuje mu nocleg, ale Stephen odmawia. Kończą rozmowę w ogrodzie z widokiem na oświetlone okno sypialni Molly, zanim Bloom prowadzi Stephena ulicą, a drogi przyjaciół w końcu się rozstają.

Teraz sam, Bloom rozważa Molly niewierności, ale pozostaje w zaprzeczeniu, nie trzymając jej odpowiedzialność, mimo że wie, że jest niewierny. Podnosi się do łóżka, leżąc obok żony, która pyta go o jego dzień. Jest zmęczony i w końcu zasypia. Molly, wciąż bardzo rozbudzona, gubi się w swoich myślach i rozpoczyna wysoce obsceniczny monolog, w którym zdaje się przedstawiać siebie jako żyzną ziemię. Śmieje się z mężczyzn, z ich perwersyjnych pragnień i ze swoich kochanków. Wypuszcza do nocnika falę moczu, symbolizującą jej potok słów, i zdaje sobie sprawę, że miesiączkuje: rozpoczyna się nowy cykl. Jeszcze raz myśli o propozycji małżeństwa Blooma i o "tak", które mu dała: "tak" dla życia, dla całego wszechświata, któremu musi się poddać.

STUDIUM POSTACI

W Ulissesie znajdziesz wiele postaci rozsianych po ulicach Dublina, zwłaszcza dorastających Leopolda i Stephena. Postanowiliśmy więc skupić się na głównych osobach, które przyczyniły się do tego rozwoju. Postać ta rodzi wiele pytań o krytykę i komentarz do twórczości Joyce'a, dlatego też znalazła się wzmianka o ludziach w maciejówce.

STEPHEN DEDALUS (TELEMACHUS)

Stephen Dedalus wydaje się być zaplutym obrazem autora, którego pełny opis znajduje się w poprzedniej powieści Jamesa Joyce'a, *Portret artysty jako młodego człowieka*. Po jezuickiej edukacji bohater zaczyna coraz bardziej odrzucać religię, zmieniając status z rzymskiego katolika na agnostyka. Choć miał kontynuować studia medyczne w Paryżu, na początku *Ulissesa* dowiadujemy się, że wrócił do Dublina ze względu na umierającą matkę. Jego sprzeciw wobec katolicyzmu sprawia, że nie odmawia przy jej łóżku żadnych modlitw. To wydarzenie prześladuje go później, gdyż miłość macierzyńska jest jedną z jego głównych wartości. Marzy o byciu wielkim pisarzem, ale czuje, że przegapił swoją szansę i przeżywa dzięki pracy jako nauczyciel w prywatnej szkole, której prezesem jest pan Deasy.

Fizycznie wiemy, że jest niski i krótkowzroczny. Z drugiej strony ma talent muzyczny i doskonały głos – talenty, które posiadał sam Joyce. Stephen stale zachowuje się niewłaściwie w stosunku do innych: Nie lubi grup, nie może zintegrować się z różnymi środowiskami, w których dorasta i nie akceptuje żadnej części swojego wychowania. Poniża się i cierpi z powodu samotności. Jest również cichy, dobrze wykształcony, dobry w debatach i ma silne poczucie współczucia, zwłaszcza dla uczniów osiągających gorsze wyniki. W przeciwieństwie do Blooma nie ma szczególnie silnego libido, ale czasami myśli o kobiecej nagości. Woli otaczać się silnymi męskimi postaciami, takimi jak Buck Mulligan.

Choć na początku opowieści Stephen wydaje się postacią podejrzliwą, arogancką, gwałtowną, zwracającą uwagę jedynie na idee i dążącą do doskonałości w każdej dziedzinie, to po porażce w Paryżu, a zwłaszcza dzięki spotkaniu z Bloomem, staje się coraz bardziej ludzki. Obok niego rozumie, że intelekt jest niczym, jeśli się nim nie dzieli i że sens życia tkwi w relacjach z innymi ludźmi. Leopold pozwala mu pozbyć się przerośniętego ego i wrócić do prostego życia.

Jego nazwisko nawiązuje do mitycznego architekta Minotaura. Dedal zaprojektował labirynt pod kierunkiem Minosa. W Ulissesie Stephen Dedalus zostaje uwięziony w innym labiryncie. Nienawidzę Dublina za jego obojętność, pijaństwo i mieszkańców, którzy nie potrafią wyrwać się spod angielskiej dominacji.

Pierwsze trzy rozdziały, "Telemachiada", skupiają się na tym bohaterze. Stephen reprezentuje ucieczkę zarówno z miasta, jak i własną stagnację i niepokój. Wciela się w rolę Telemacha, syna Odyseusza w wersji Homera. Młodszy od Leopolda Blooma (Ulisses), widzi w nim ojca, który rekompensuje mu brak biologicznego ojca. Wieża, w której mieszka, reprezentuje Itakę, a jego dwaj rywale, Buck i Haynes, symbolizują zalotników Penelopy. Tak jak Odyseusz potrzebuje czasu, by odzyskać swoje królestwo i odnaleźć syna, tak czytelnicy będą musieli poczekać kilka rozdziałów, aż Stephen i Leopold spotkają się i zaczną prawdziwy związek w pijackich uliczkach Dublina.

LEOPOLD BLOOM (ULISSES)

Postać Leopolda Blooma pojawia się w drugiej części powieści "Odyseja" i jest współczesnym wcieleniem Ullissesa. Urodzony w 1866 roku jest jedynym dzieckiem Ellen Higgins, irlandzkiej protestantki, i Rudolpha Virag, Żyda węgierskiego pochodzenia, który przeszedł na protestantyzm. Jest neurasteniczny (cierpi na kruchość psychiczną i fizyczną), a jego ojciec w końcu zabił się trucizną. Po śmierci ojca Leopold postanawia przejść na katolicyzm, aby móc w 1888 roku poślubić Marion Tweedy (Molly), piosenkarkę, która stale koncertuje po całej Irlandii i gromadzi kochanków – w tym przystojnego piosenkarza Boylana. Z małżeństwa Molly i Leopolda urodziło się dwoje dzieci: Millicent (1889), pseudonim Milly, która ma 15 lat i pracuje u fotografa, oraz Rudy (1893), który żył zaledwie 11 dni. Aby zaspokoić potrzeby rodziny, Leopold pracuje jako agent reklamowy dla *Evening Telegraph*.

Bloom jest opisywany jako prosty mężczyzna z klasy średniej o powściągliwej osobowości (jeśli nie jest pijany). Z powodu tej sytuacji odczuwa wiele impulsów w całej powieści, ale nie jest w stanie przeprowadzić fabuły, chyba że dla siebie.

Jego postać wydaje się niemal Chrystusowa ze względu na liczne akty dobroci: pomaga przyjacielowi – bezwiednie –

wygrać sporą sumę pieniędzy na wyścigach konnych, przychodzi z pomocą niewidomemu, karmi zwierzęta, odwiedza chorych, uczestniczy w pogrzebie itp. Paradoksalnie przybiera też stronę komiczną ze względu na swoją niezdarność, szalone pomysły (sprawdzanie np. czy starożytne posągi mają kryzy), pomyłki podczas obrządku katolickiego itp. Jest też jego przywiązanie do ekskrementów: wiele fragmentów kończy się jego pierdzeniem, oddawaniem moczu lub rozmyślaniem o dźwięku Molly na nocniku.

MALACHI MULLIGAN, ZNANY JAKO "BUCK" (ANTINOUS)

Student medycyny Malachi Mulligan dzieli sypialnię Stephena Dedalasa w Martello Tower. Ten majestatyczny, ale pulchny bohater ma bardzo cyniczną osobowość, określa siebie jako wolnomyśliciela i jest nieustanną tyradą. Lubi wplatać w swoje wypowiedzi różne cytaty z poezji, np. Walta Whitmana (amerykański poeta, 1819-1892) i fragmenty popularnych piosenek . Jest bardzo wesoły, dobroduszny i prawie nigdy się nie boi. Jego towarzyska osobowość jest dokładnym przeciwieństwem ograniczonej osobowości Stevena. Pasjonuje się starożytnością i filozofią Nietzschego (niemiecki filozof, 1844-1900), a jego marzeniem jest zhellenizować Irlandię (upodabniając swoją kulturę do kultury starożytnej Grecji). Ten ciągły pokaz kultury reprezentuje dumę Bucka, przypominając te same cechy, które można znaleźć u Antinousa, głównego zalotnika Penelopy.

Mulligan, który reprezentuje formę bestialstwa, jest lubiany przez wszystkie inne postacie w powieści z wyjątkiem Stephena. Ten ostatni, mimo że mieszka z Mulliganem i widuje go codziennie, postrzega go jako dziką bestię i potępia jego czyny oraz przekonania., hojnie dostarcza ubrania dla Stephena.

Joyce, tworząc Bucka, inspirował się jednym ze swoich rówieśników, z którym dzielił internat w szkole z internatem Clongowes Wood College: Oliver Sint-John Gogarty (1878-1957), który również był powieściopisarzem i poetą. Obaj chłopcy często się kłócili, podobnie jak Stephen i Buck, a Gogarty, co więcej, nie powstrzymał się przed krytyką *Ulissesa* po jego publikacji.

MARION TWEEDY (PENELOPE)

Marion Tweedy, lepiej znana pod pseudonimem Molly, jest żoną Leopolda Blooma. Reprezentuje Penelopę. Ale Molly nie zachowuje się jak kochająca żona cierpliwie czekająca na powrót męża. Tutaj ich role się odwracają. Leopold przemierza ulice Dublina, czekając na powrót żony. Molly jest znaną piosenkarką i stale koncertuje z innymi profesjonalnymi członkami. Okazała się niewierna woli swojego męża i Blaise'a Boylana, piosenkarza o imieniu Adonis.

Postać Molly pozostała sławna dzięki 18th epizodowi powieści: pozbawionemu interpunkcji monologowi, który recytuje w rodzaju westchnienia, bliskiego orgazmowi, i na którym kończy się historia. Jest ona przedstawiona jako znacznie bardziej zmysłowa i fizycznie pożądana niż zarówno Leopold, jak i Stephen, którzy poruszają się bardziej w sferze intelektualnej. W trakcie monologu Molly ostatecznie przyjmuje Leopolda do swojego łóżka – podobnie jak Odyseusz, po połączeniu z Penelopą, został przywrócony do swojej drogiej

Itaki – i opisuje moment ich spotkania w opowieści przerywanej co jakiś czas słowem "tak", nawiązując do przyjemności, jaką odczuwa z połączenia z mężem.

Tworząc tę postać, Joyce inspirował się swoją żoną, Norą Barnacle. Ponadto data rozpoczęcia opowiadania, 16 czerwca 1904 roku, pokrywa się z pierwszą randką pisarza z żoną.

CZŁOWIEK W MACINTOSHU

Ta bezimienna postać pojawia się w powieści tylko dwa razy. Za pierwszym razem podczas pogrzebu, a za drugim razem pod postacią swojego dziadka, Leopolda Blooma. Nikt nigdy nie widział tej osoby i nikt nie wie, dlaczego istnieje. Kiedy Bloom go zauważa, mówi, że wygląda jak demon.

Niektórzy krytycy uważają, że w Ulissesie widzimy Leopolda Blooma jako Jezusa, Szczepana jako Ducha Świętego, a człowieka w maciejówce jako samego Boga. Jego długi płaszcz, który okrywa całe ciało, pokazuje tylko oblicze Boga. Logiczne wydaje się jego pierwsze pojawienie się na cmentarzu, gdy przychodzi szukać dusz zmarłych. Bloom zastanawiał się, kim był ten "Mintosh", kwestionujący całą ludzkość i zadający pytanie: "Kim jest Bóg?"

Skrywający go płaszcz i jego nieoczekiwanie ponury wygląd przypominają wycofanie się z Bożego stworzenia. Jest jednocześnie obecny i nieobecny. Kiedy Leopold Bloom wędruje od baru do baru, ostatecznie trafiając do burdelu Very Cohen, jego dziadek, Lipoti Billag, ukazuje mu się jako duch noszący ten sam gobelin. Chociaż nie ten sam człowiek na cmentarzu, to znowu ucieleśnia samego Boga. To nie jest ta sama osoba, ale fakt, że ten płaszcz wraca w różnych postaciach, świadczy o wszechobecności Boga. Rozprasza się w tłumie.

ANALIZA

Joyce, poprzez wędrówkę Blooma, nadaje Irlandii mityczny charakter. Codzienne życie zawiera swoistą mitologię, którą każdy może dostrzec. Za każdym przedmiotem i każdym spotkaniem kryje się ukryte znaczenie. Śmiertelnicy mogą jedynie próbować odszyfrować to, co ich otacza, poznać siebie i zrozumieć świat. Wędrówka po Dublinie symbolizuje wędrówkę każdego człowieka, który próbuje odnaleźć się w społeczeństwie.

Każdy odcinek odpowiada nowemu wejściu mitycznego, organicznego i religijnego lub duchowego w codzienne życie.

ALUZJE DO ODYSEI HOMERA

Po pierwsze, tytułowy Ulisses ustanawia bezpośredni związek między eposem Homera a dziełem Joyce'a. Dla Homera podróż jest centralnym elementem, ale dla Joyce'a podróż ma nieodłączną wartość i prowadzi do poszukiwania postaci ojca. Stephen (Telemachus) szuka prawdziwej postaci ojca poza postacią prawdziwego ojca. Nie zapominajmy, że ta osoba jest także literacko rozdwojoną osobowością Joyce'a, który miał dziwną relację z ojcem alkoholikiem, który niewiele robił, by dbać o swoją rodzinę. Struktura powieści przypomina również trzyczęściową strukturę Odysei Homera.

Część pierwsza: "Telemachiada

W greckiej opowieści ta część poświęcona jest postaci Telemacha. Historia rozpoczyna się w momencie, gdy jego ojciec, Odyseusz, zaginął na 20 lat, a matka, Penelopa, ma coraz bardziej dość odrzucania propozycji małżeńskich od licznych zalotników, którzy wprowadzili się do pałacu. Za radą bogini Ateny, Telemach opuszcza Itakę i wyrusza na poszukiwanie Odyseusza. Podczas tej wędrówki poznaje króla Nestora, a następnie udaje się do Menelaosa w Sparcie.

O ile w wersji Homera Telemachiada zawiera cztery wersy, to w wersji Joyce'a składa się z trzech epizodów:

- Od początku powieści Buck Mulligan i Haines są przedstawieni w negatywnym świetle i stanowią bezpośrednie odniesienie do dwóch zalotników Penelopy. Buck reprezentuje gwałtownego, dumnego i brutalnego Antinousa, natomiast Haines – Eurymachusa, który okazuje się być flirtem i manipulatorem. Sposób, w jaki ten pierwszy broni niedawno zmarłej matki Stephena, również wydaje się podejrzany, gdyż nie jest zgodny z jego zwykłym myśleniem. Ten drugi również wydaje się wątpliwy, ale tym razem w odniesieniu do swojej ojczyzny: rzeczywiście, jaki Irlandczyk nie pogardziłby angielskim najeźdźcą, który nieustannie gloryfikuje historię, folklor i społeczeństwo Irlandii, podczas gdy Anglia robi wszystko, by im tego zabronić? Mleko przyniesione przez staruszkę sygnalizuje jego rychły wyjazd; symbolizuje ona Atenę, która namawia Telemacha do wyruszenia w podróż.

- Po wyjściu z wieży Stephen (Telemachus) ma spotkanie z panem Deasy, który jest sobowtórem Nestora.

- Następnie, gdy Stephen zatraca się w myślach na plaży Sandymount, wyobraża sobie, że kłóci się ze swoim wujem, Richie Gouldingiem, nawiązującym do Menelaosa, o sytuację swoją i świata.

Część druga: "Odyseja

Od odcinka 4 życie Leopolda Blooma wysuwa się na pierwszy plan i rozpoczyna się podróż Odyseusza. Ta część odpowiada dziesięcioletniej podróży greckiego bohatera z miasta Troja do rodzinnej Itaki. Historia tych przygód Homera ma 16 wersów, podczas gdy historia Joyce'a ma 12 odcinków.

- Porównywana jest Molly, niewierna żona, do obrazu nimfy wiszącego nad łóżkiem pary Bloomów. Porównanie to przywołuje Kalipso, nimfę zakochaną w Odyseuszu. Tak jak ona więzi Odyseusza w celu poślubienia go, tak Molly więzi Blooma w jego własnych pragnieniach i pożądaniach, stale pozostawiając go samego w Dublinie.

- Kiedy Leopold idzie na mszę, otaczają go ludzie, którzy przyjmując komunię i spożywając hostię zapominają o swoich troskach i buncie wobec własnej egzystencji – podobnie jak moc kwiatów lotosu na towarzyszach Odyseusza.

- Scena pochówku związana jest z boskimi zdolnościami Tejrezjasza. W *Odysei* postać ta potrafi przywoływać zmarłych. Dzięki niemu Odyseusz może więc rozmawiać z mieszkańcami piekła. Jeśli chodzi o Joyce'a, to obecność mężczyzny w makatce wiąże się z życiem poza śmiercią.

- Wizyta w lokalnej gazecie bezpośrednio wskazuje na epizod z Aeolusem, strażnikiem wiatru, który podarował Odyseuszowi worek kozich skór, aby mógł bezpiecznie wrócić do Itaki. Towarzysze bohatera, przekonani, że woreczek zawiera skarb, rozrywają go. Rozwścieczony Aeolus dwukrotnie odmówił im pomocy, a ja nagle bez powodu odwróciłem się od niego plecami.

- Restauracja Burton reprezentuje mieszkanie Laestrygonian. Homerowskie ludożercze olbrzymy pojawiają się wśród klientów lokalu, którzy obrzydzają Blooma swoimi ogromnymi paszczami, które nieustannie żrą i miażdżą różne potrawy.

- Praca dyplomowa o Szekspirze, obroniona przez Stephena w bibliotece narodowej i wysłuchana przez roztargnionego Blooma, przypomina epizod o Charybdis i Scylli, dwóch potworach morskich. Stephen wyjaśnia w ten sposób, że angielski pisarz miał dwie strony: z jednej strony przedstawiał się w korzystnym świetle i sprawiał wrażenie miłego dżentelmena, gdy przebywał w Londynie; z drugiej strony nigdy nie mógł być naprawdę szczęśliwy, gdyż wciąż był zdruzgotany rodzinnymi katastrofami.

- Syreny są obecne w postaci kelnerek o ostrych językach w restauracji hotelu Ormond. Obywatel, o wąskich horyzontach, nacjonalistyczny, powolny i źle nastawiony, reprezentuje Cyklopa Polifema, którego Odyseusz oślepia.

- Erotyczny epizod między Bloomem a Gerty MacDowell przypomina o uratowaniu Odyseusza przez Nausicaa po rozbiciu statku.

- Bella Cohen, właścicielka domu publicznego, to nikt inny jak czarodziejka Circe. Podczas spotkania z nią i innymi prostytutkami, Leopold i Stephen wpadają na lubieżne pomysły, które przypominają o przemianie towarzyszy Odyseusza w świnie. Co więcej, różne głosy i fragmenty muzyki, które słyszą, pochłaniają mężczyzn, którzy tracą kontakt z rzeczywistością i zostają opanowani przez przerażające halucynacje.

Wreszcie trzy ostatnie epizody powieści przywołują ostateczny powrót Odyseusza do Itaki.

- W pierwszej części dochodzi do ponownego spotkania Odyseusza z Telemachusem, który nie rozpoznał jeszcze swojego ojca, gdyż jest przebrany za Eumaeusa, jego pasterza świń. W wersji Joyce'a Bloom, który nie chce zostawić Stephena samego i zagubionego, bierze go pod swoje skrzydła i prowadzi do przytułku dla dorożkarzy, należącego do Jamesa Fitzharrisa, który reprezentuje Eumaeusa.

- Bloom jest w domu i myśli o chłopaku Molly. Nie przeszkadza mu to jednak w kochaniu swojej żony i pozostawaniu przy niej. Tak jak Odyseusz postanowił wypędzić wszystkich zalotników Penelopy ze swojego pałacu, Bloom był mentalnie taki sam. Przyjmij taktykę i odłóż na bok listę podbojów swojej żony.

- Wreszcie monolog Molly kończy epos. Podobnie jak Penelope, zostawia kochanka dla swojego męża Leopolda. Odrzuca tę samą bezbarwną i lekceważącą mowę o biednych i mówi "tak" życiu. Mowa ta może być również związana z obroną Ateny Odyseusza przed ludźmi (zwykłymi zalotnikami Penelopy), którzy nie rozumieją, dlaczego zabił tak wielu ludzi.

ZBIÓR RODZAJOWY I ORGANICZNY

Joyce jest w ciągłym literackim poszukiwaniu: chce za wszelką cenę wprowadzić innowacje. *Ulisses* jest dla niego sposobem na pokazanie, że skoro sytuacja w Dublinie – którą krytykuje w swojej pierwszej powieści, *Dubliners* (1914) – nie pozwala na innowacje z punktu widzenia treści, musi szukać nowości gdzie indziej. Nie ma więc w tej powieści żadnej nadrzędnej cechy, lecz polimorficzne *tour de force* pisarskie: każdy epizod tworzony jest w stylu określonego gatunku. Czytelnik przechodzi zatem od techniki "perystaltyki" do monologu, dialektyki czy jeszcze czegoś innego.

 ## DOBRZE WIEDZIEĆ

Przymiotnik "perystaltyczny" oznacza przede wszystkim progresję pokarmu podczas trawienia, od jego połknięcia aż do dotarcia do odbytu. Aby zostać całkowicie strawionym, jedzenie porusza się z pomocą skurczów mięśni. Odzwierciedlając ten proces, Joyce ma organiczny styl pisania, który przechodzi od skurczu do rozluźnienia.

Tak więc w epizodzie, który rozgrywa się przede wszystkim w barze Davy'ego Byrne'a o godzinie 13.00, ruchy, myśli i słowa Leopolda Blooma naśladują zachowanie jego przełyku: chodzi, jest głodny, pociągają go zapachy kuchni, a mijając dziewczęta, ożywiają go również impulsy erotyczne, które działają na jego zmysły. Skurcze żołądka narastają, ponieważ nie udało mu się zaspokoić apetytu ani wypić lampki wina. Kiedy już to zrobił i jest zadowolony, wychodzi oddać mocz i idzie zaspokoić swoje erotyczne impulsy odwiedzając muzeum, aby sprawdzić obecność lub brak odbytu na greckich posągach.

Dlatego gatunek jest źródłem jego eksperymentów. Celem Joyce'a jest stworzenie przemieniającego dzieła zwanego powieścią, które ma urok powieści, ale ma tak odmienną strukturę narracyjną, że dzieła jako całości nie można nazwać powieścią. Dlatego Joyce kładł nacisk na parodię w swoich stylistycznych poszukiwaniach, umieszczając epos Homera w kontekście tawern i innych nieprzyzwoitości. W związku z tym wykorzystuje pewien proces narracyjny.

- Klasyczna narracja, obecna zwłaszcza w pierwszych trzech odcinkach związanych ze Stephenem ("Stately, plump Buck Mulligan came from the stairhead, bearing a bowl of lather on which a mirror and a razor lay crossed", s. 9);

- Odpowiedzi teatralne, którym towarzyszą wskazówki sceniczne. Znajdujemy je na przykład w odcinku poświęconym halucynacjom Blooma i Stephena na ulicach Dublina:

> *"FLORRY: Zaśpiewaj nam coś. Love's old sweet song.*
> *STEPHEN: Nie ma głosu. Jestem najbardziej skończonym artystą.*
> *Lynch, czy pokazywałam ci list o lutni?*
> *FLORRY: (SMIRKING) Ptak, który może śpiewać i nie chce śpiewać."*
> *(p. 761)*

- Poezja w prozie, czego przykładem jest monolog Molly ("O that awful deepdown torrent O and the sea the sea crimson sometimes like fire", s. 1156);

- Dziennikarskie pisanie, które jest niemal jak news, 19 szkiców;

- Etc.

Nic nie jest jednolite i każdy odcinek ma swój gatunek i styl.

Te zmiany stylistyczne wynikają z chęci skupienia się na konkretnym narządzie ludzkiego ciała. Wprawdzie "Telemachiada" nie ma takiego (bo Stephen wciąż szuka wrażeń zmysłowych), ale wszystkie kolejne odcinki związane są z innym organem:

- Scena masturbacji w toaletach i bezpośrednie pokazywanie genitaliów.

- Gerty pokazująca Bloomowi co ma pod spódnicą, co sygnalizuje dominację oczu i wzroku. Większość podniet Leopolda pochodzi właśnie z tego zmysłu.

- Zgromadzenie w biurach gazety, którzy wzdychają, wydychają i wypluwają jądra, czynności związane z płucami.

- Absolutna racjonalizacja tekstów Szekspira wykazywana przez Stephena wykorzystuje cenny intelekt mózgu.

- Uszy i słuch są wykorzystywane w scenach muzycznych w hotelu Ormond.

- Szkice w czwartej części, budując się do punktu kulminacyjnego, rozwijają etapy porodu pani Purefoy, a więc odnoszą się do macicy.

- Etc.

INTERTEKSTUALNOŚĆ

Opierając się na wielu pisarzach, takich jak John Milton (angielski poeta, 1608-1674), Charles Dickens (angielski powieściopisarz, 1812-1870), Lawrence Stern (irlandzki powieściopisarz, 1713-1768) wskazuje również na związek między pismami prawie niewidomego Joyce'a i niewidomego Jorge Luisa Borgesa (1899-1986). Opierając się na recytacji Joyce'a i normalnej technice narracji, argentyński autor opowiada się za nieograniczoną praktyką cytowania. W rzeczywistości, przyjmując imię starożytnego greckiego bohatera rozsławionego przez opowieść Homera, Joyce natychmiast odnajduje jego nieskończone odniesienia, jego mity, bohaterów, którzy pobudzają jego wyobraźnię, oraz wspólne dziedzictwo kulturowe, które, jak twierdzi, ma swoje korzenie w starożytności.

Irlandczyk wykracza jednak daleko poza teorie wypracowane przez Borgesa kilka dekad później. O ile u tego ostatniego cytaty są wyraźnie zaznaczone, zwłaszcza poprzez obecność cudzysłowu, o tyle Joyce integruje je całkowicie w swoim tekście, bez żadnych znaków interpunkcyjnych, które wskazywałyby na zapożyczenie od innego autora. Chce on rzeczywiście, aby poprzez proces intertekstualności jego opowieść zmierzała ku tej samej uniwersalności, jaką prezentują mity, jaką ma każda opowieść składowa ludzkiej kultury. Jego tekst został stworzony przez pisarza – Jamesa Joyce'a – ale poprzez odwołania do innych głównych składników literackiego i kulturowego dziedzictwa podzielanego przez ludzkość, chce być uniwersalny.

Autor Ulissesa czerpie więc inspiracje ze swojego kulturowego bagażu, z własnej wewnętrznej "biblioteki", w której gromadzi wszystkie przeczytane artykuły, eseje i rozmaite powieści. Z tych odniesień Joyce tworzy szerszą formę tekstu w stosunku do starożytnej wiedzy literackiej. Świadomie lub nieświadomie wybiera cechy charakteru wymyślone przez innych pisarzy i czerpie inspirację z mitów i tekstów czytanych książek, by tworzyć nowe.

WIEDZIAŁEŚ?

To poszukiwanie nowości poprzez reinwestowanie uniwersalności jest kontynuowane w kolejnej książce, *Finnegans Wake*, w której Joyce dąży do uniwersalności języka, życia i książek. W rzeczywistości każdy termin ma trzy możliwe i jednocześnie obecne znaczenia. Na przykład słowo "od" odnosi się do pojęć czasu, grzechu i zmysłów jednocześnie.

EPIFANIE

Joyce, poprzez szczególny proces stylistyczny, który sam wymyślił, ujawnia swoim czytelnikom, że pozornie nieistotny fakt może ujawnić epizod, który jest duchowy lub specyficzny dla danej postaci. Tę technikę narracyjną nazywa "epifanią".

👁 DOBRZE WIEDZIEĆ

Termin "epifania" ma kilka znaczeń:

- W greckiej starożytności oznacza bóstwo ukazujące się śmiertelnikom. Jej blask często powoduje śmierć lub ślepotę jej widzów.

- W starożytności rzymskiej wyznacza koniec cyklu przesilenia zimowego. Jest to najdłuższa noc w roku i symbolizuje triumf światła nad ciemnością.

- W chrześcijaństwie Epifania to święto upamiętniające narodziny Chrystusa i nawiedzenie przez trzech mędrców. To objawienie przyjścia Mesjasza oznacza koniec

duchowo ponurego okresu, zastąpionego okresem roz-
świetlonym przez Słowo Boże.

- W rozszerzeniu, słowo to może odnosić się do oszała-
miającego objawienia głębi czegoś.

Aby pokazać ukryte znaczenia codzienności, często stosuje
elipsy. Wahanie i nonszalancki charakter tekstu podpowiadają
czytelnikowi, że za mało znaczącym wyglądem słów kryje się
coś jeszcze.

Tak jak charakter Jezusa objawia się bardzo nielicznym, tak
przedmioty i świat ujawniają swoje prawdziwe znaczenie
tylko w nielicznych śladach, które musimy dostrzec. Jeśli epifanie Joyce'a nie są wydarzeniami religijnymi, to wynikają
one z tego samego pojęcia objawienia. Oświetlają codzien-
ność w ciągłej utracie sensu.

Ta wrażliwość pojawia się w dialogach bez większych konse-
kwencji dla akcji: "Jedną z cech charakterystycznych epifanii
jest to, że składają się one z całkowicie banalnych, często
przerywanych, fraz. Te przerwane frazy nie mają pełnego
znaczenia i w ten sposób wywołują efekt nonsensu" (Cassini,
2010). Epifanie mogą występować również w języku, posta-
wach lub działaniach bohaterów, bez uświadamiania sobie
przez nich tego. Ukryte znaczenie jest wtedy dostrzegane
tylko przez czytelnika.

To objawienie, czasem dostrzegane przez bohatera Joyceanu,
czasem tylko odczuwane przez czytelnika, nie jest dalekie od
zjawisk manifestacji, takich jak słynna madeleine Prousta w
Drodze Swanna (1913) czy nieregularność niektórych kostek

brukowych w *Przeszłości odzyskanej* (1927), które pogrążają narratora we wspomnieniach. Nagle odrywa się od rzeczywistości, by nasiąknąć mocą przedmiotów i mieć dostęp do innych znaczeń, których inaczej by nie dostrzegł.

Podczas gdy epifanie Joyce'*a* zostały stworzone i rozwinięte przede wszystkim w *Portrecie artysty jako młodzieńca* i *Dublińczykach*, w *Ulissesie* odnajdujemy je dzięki skatologicznym powiązaniom, które mogą uchodzić za czyste chamstwo lub za prozaiczne szczegóły: weźmy na przykład pod uwagę odgłos moczu Molly wpadającego do jej nocnika, który odbija się echem od muzyki słyszanej w hotelu. Głośne pierdy Blooma, gdy wychodzi z tawerny, implikują ze swej strony związek między elementami przyrody i ludźmi w całej narracji. Epifanie w tej powieści są przedstawione poprzez dźwięki wydawane przez bohaterów. Dla Joyce'a, który stawał się coraz bardziej niewidomy, nie liczą się rzeczy, które widzimy, ale dźwięki, które nas otaczają – niezależnie od ich natury.

Ta nowa koncepcja pisania jest pomyślana tym bardziej, że autor przez całe życie postrzega świat na wzór Claude'a Moneta (francuski malarz, 1840-1926) i jego lilii wodnych, z coraz rzadszymi promieniami światła, podczas gdy stan jego oczu się pogarsza. Co prawda ten system objawienia poprzez emocje właściwe podmiotowi, który rozważa konkretny przedmiot, nie jest praktykowany tylko przez Joyce'a, ale to on był twórcą tej koncepcji.

DALSZA REFLEKSJA

KILKA PYTAŃ DO PRZEMYŚLENIA...

- Porównaj bohaterów Homera, Odyseusza i Telemacha, z postaciami Leopolda Blooma i Stephena Dedalusa. Jakie są ich główne podobieństwa i różnice? Posłuż się przykładami z tekstu.

- Opisz ewolucję Stephena Dedalusa w *Ulissesie*, uwzględniając także fragmenty *Portretu artysty jako młodzieńca.*

- Podaj przykłady innych adaptacji mitu o Odyseuszu. W jaki sposób inne utwory traktują ten temat?

- Jak można wzmocnić banał? Poprzyj swoją odpowiedź przykładami z tekstu.

- Niektórzy krytycy twierdzą, że epizody tej powieści można porównać do poszczególnych części bryły. Podaj przykłady potwierdzające tę teorię.

- Opisz różne techniki narracyjne stosowane przez Joyce'a w poszczególnych rozdziałach jego dzieła. Czy wpływają one na znaczenie tekstu?

- Które elementy tekstu wskazują, że Joyce był zdecydowanie przeciwny brytyjskiej dominacji nad Irlandią?

- Opisz podobieństwa między *Ulissesem* a życiem Joyce'a.

- Jakie związki możemy ustalić między tą książką a *Boską Komedią* Dantego (włoski pisarz, 1265-1321)?

- Jaką rolę w powieści odgrywa teza Stephena Dedalusa o *Hamlecie*?

PRZECZYTAJ TAKŻE

WYDANIE REFERENCYJNE

Joyce, J. (2000) *Ulysses*. London: Penguin.

BADANIA REFERENCYJNE

Cassini, D. (2010) The James Joyce Experience. *Oxymoron*. [Online]. Issue 0. [Dostęp 14 sierpnia 2015]. Dostępny w: <http://revel.unice.fr/oxymoron/index.html?id=3070>.

De Souza, E. M. (1998) La poétique de la cécité chez Borges. *Variaciones Borges*. Issue 6.

Joyce, J. (2000) *Finnegans Wake*. London: Penguin Classics.

Joyce, J. (2000) *Dubliners*. London: Penguin Classics.

Sobreira, R. (2013) Et soudain tout est devenu clair pour lui. La prise de conscience exprimée par l'épiphanie littéraire. *Revista Tabuleiro de Letras*. Issue 7.

Tuduri, C. (2008) Une lecture de James Joyce. L'écriture, l'exil, l'alliance. *Études*. Vol. 409, s. 514.

Chcemy usłyszeć od Ciebie, co się dzieje!
Zostaw komentarz na temat swojej internetowej biblioteki
i podziel się swoimi ulubionymi książkami w mediach społecznościowych!

Master ISBN: 9782808693912
Papierowy ISBN: 9782808615310
Depozyt prawny: D/2023/12603/1811

Verhaal: © Primento

Projekt cyfrowy: Primento, cyfrowy partner wydawców.